Carl von Eckartshausen

Rede von den Quellen der Verbrechen und der Möglichkeit

selben vorzubeugen

Carl von Eckartshausen

Rede von den Quellen der Verbrechen und der Möglichkeit selben vorzubeugen

ISBN/EAN: 9783743677685

Hergestellt in Europa, USA, Kanada, Australien, Japan

Cover: Foto ©ninafisch / pixelio.de

Weitere Bücher finden Sie auf **www.hansebooks.com**

Rede

von den

Quellen der Verbrechen

u n d

der Möglichkeit selben vorzubeugen.

Abgelesen

in einer öffentlichen Versammlung

a l s

die baierische Akademie der Wissenschaften

d a s   h ö c h s t e

Geburtsfest

Sr. kurfürstl. Durchlaucht

Karl Theodors

f e y e r t e.

von

Karl von Ekartshausen

kurfürstl. wirklichen Hof = und Bücher = Censurrath;
und frequentirendem Mitgliede der kurfürstl. Akademie der Wissenschaften in München.

Den 10. Christmonats 1783.

Gedruckt bey Maria Anna Vötterin, verwittw. Hofbuchdruckerin,
und zu finden bey der kurfürstl. Akademie der Wissenschaften.

Il faut étudier la Société par les hommes, & les hommes par la Société.

J. J. Rousseau.

Das Glück guter Fürsten ist untrennbar mit dem Glücke ihrer Länder verbunden. Wer den Fürsten liebt, muß sein Vaterland lieben; das erheischt die Natur der Sache, das will das Wohl der Völker, das fodert die Erhaltung des Ganzen.

Schande der Nationen sind die Tage, in denen Schmeicheley die Fürsten vergötterte. Nur Sklaven bethen den Regenten an; Bürger, die lieben ihn.

Am

Am Hofe, wo Schmeicheley ist; wo Bücklinge den Monarchen umringen, dort ist der Wahrheit der Zutritt verbothen. Die Weisheit verbirgt sich in Winkel, und mischet ihre Thränen mit den Thränen des Unterthans.

Selige Aussichten breiten sich aber über Gegenden aus, wo jedes Aug auf den Regenten geheftet ist; wo Täge, die dem Fürsten gefeyert werden, Feste des Vaterlandes sind, in denen mit offener Stirne und Freyheit der Seele der Bürger umher geht, sein Herz als ein Opfer zum Altar bringt, das an dem Regenten so den Beherrscher bewundert, wie es an selbem seinen Wohlthäter liebt.

Mächtiger Fürst! der mit Wohlwollen unsere Länder beherrschet, dem das Wohl der Seinigen theuer ist, höre mit Güte die Wünsche deiner Unterthanen.

Wie angenehm ist mir der Auftrag, in diesem öffentlichen Ort, und im Namen meines Vaterlandes aus gedrängtem Herzen aufrufen zu dürfen: „Heil und Segen über das Haupt unsers Theodors!!!

Heil und Segen! wiederholt jede Stimme von dem Pallast der Stadt an bis in die niedrigsten Hayne, und jeden Tag ertönt der Wiederhall dieser Stimme in dem Herzen des ehrlichen Landmanns, Heil und Segen unserm Fürsten!!! —

Wohl

Wohl der Regenten ist der Wunsch des guten Unterthanes, und Wohl des Unterthanes der Wunsch der guten Regenten.

Gegenseitige Bemühungen für gegenseitiges Wohl ist die Grundfeste der Staaten; ohne sie ist Elend in der Hütte, und Verderben am Throne.

Zum ewigen Denkmale dieses Satzes soll die Nachwelt unsere rühmliche Gewohnheiten bewundern, die uns von jeher auftrugen, die Feste unserer Beherrscher durch Ausbreitung gemeinnütziger Wahrheiten öffentlich zu feyern.

An diesen Tagen war es uns von jeher erlaubt, über nützliche Wahrheiten zu sprechen, Vorurtheile zu bekämpfen, oder bürgerliche Tugenden in ihrem schönern Lichte zu zeigen.

Der Beyfall des Monarchen feuerte jeden Redner an, der hier auftrat, entfernte die Schmeicheley von unsern Lippen, weil wir wußten, daß Theodor seine Lobeserhebungen nicht in dem Munde des Redners, sondern seines Unterthanes suchte, dessen Wohl und Erhaltung tägliche Lobesreden seiner Güte sind.

Edel ist die Stunde, in der es dem Bürger vergönnt ist, sich dem Fürsten zu nahen, um selben der Liebe zu überzeugen, die seine Seele durchglüht, aber noch edler die Stunde, in der der Regent dem glükwünschenden Unterthan sagt: Mein Glück besteht in dem Deinen.

Mit

Mir däucht, ich höre diese Stimme: sie durchtönt diese Hör-
säle, und ich fühle Muth und Stärke in jeder Nerve.

Ja, unser Wohl ist dein Wohl, gütigster Beherrscher! und
dieser Dein edler Grundsatz ist auch die Ursache, daß ich mir in
dieser feyerlichen Stunde über einen Gegenstand zu sprechen Pflicht
mache, der Deiner hohen Gesinnnungen würdig ist. —

Ich will von der Erhaltung der Menschen reden: welcher
Stoff kann würdiger Deinem Herzen seyn? Von den Quellen der
Verbrechen, von der Möglichkeit ihnen vorzubeugen will ich spre-
chen.

Die Wichtigkeit des Stoffes ersetze meine Schwäche, und die
Wärme, die ich in meiner Seele fühle, den Ausdruk.

Je mehr man über die Natur des menschlichen Herzens und
die Grundsätze, die dasselbe leiten sollen, nachdenkt, je weniger ist man im Stande, seine Klagen über die Menschen zurück zu halten.

Manche wissen selbst nicht, was sie wollen; manche überlassen sich thörichten Hofnungen, und wählen einen Weg, andere
zu leiten, der der Natur ganz entgegen gesetzt ist, die sie aufsuchen sollten.

Uebel,

Uebel, Unglüksfälle, und Misgeschike der Staaten, die in un=
unterbrochener Reihe her aneinander gefolgt sind, und die uns
die Geschichte in lebhaften Gemälden darstellt, sind die Beweise,
daß sie immer die Begleiterinnen der falschen Grundsätze derjenigen
waren, die den Grund der Gesetze ausser dem menschlichen Herzen
gesucht haben.

Es ist traurig, seine Blike auf die Schauplätze zurük zu wer=
fen, auf welchen die berühmtesten Staaten aufblühten, — sich aus
dem Chaos der Barbarey zur bewunderungswürdigen Höhe schwan=
gen, und durch Laster wieder in das Verderben zurük stürzten.

Dieses ist aber der gewöhnliche grosse Zirkel, werden mir vie=
le sagen, in welchem sich Völker und Nationen herum wenden;
sie tretten aus dem rohen Stande heraus, werden verfeinert, fan=
gen mit Künsten an, und hören mit Wissenschaften wiederum auf.
Ich will diesem Einwurf auch nicht widersprechen: ich glaube, daß
es im Plane des Ganzen liege, daß es einen Kreislauf der Völker
geben solle.

Dieses aber hat der Schöpfer dem Menschen überlassen, daß
er sich länger oder kürzer im Mittelstande des Glüks, in dem Punk=
te, wo er von Rohheit und übertriebener Verfeinerung gleich weit
abstehe, erhalten könne, nachdem er sich durch weise Gesetze an
diesem Punkte fest halten würde. *

Darum

---

* Lamezan Stizze der Gesetzgebung.

Darum hat er Fürsten auf den Thron gesetzt, damit sie sich hiernach umsehen und das ordnen sollten, was zu diesem Endzweck führen könnte.

Tugend im Staat war immer die Stärke der Nationen; so lang diese aufrecht stund, waren die Völker unüberwindlich.

So lang Mäßigkeit in Rom eine Tugend, Armuth noch kein Laster, geraubter Reichthum und Ueppigkeit kein Verdienst waren; so lang Rom sich noch eine Ehre aus der Tugend machte, seine Sittenrichter hatte, und die Götter fürchtete, so lang war Rom von seinem Untergang sicher. —

Die Neronen, die sich mit Lokusten einsperrten und Giftgetränke für ihre Unterthanen kochten; die Domitiane, die sich an den Thieren übten, wie sie ihre edelsten Bürger würgen sollten, diese entstunden erst, als Rom keine Tugenden mehr hatte. * Niedrige Sklaven, die dem Laster Altäre baueten, waren zuerst in Roms Mauern, ehe Tyrannen seine Throne bestiegen.

Mangel an Kenntnis des menschlichen Herzens und unzulängliche Gesetze, Ehrgeiz und Habsucht einzuschränken, waren Schuld an Roms Verderben.

Rom eilte seinem Untergang entgegen, als seine Armeen reiche und mächtige Provinzen eroberten, und seine Heerzüge führten Reichthum und Laster aus Asien im Triumph in seine Mauern,

Da

(* Jerusalem.

Da war nun Reichthum und keine Gesetze für selben; — da war nun Geld und der Staat dachte nicht, daß Gesetze, die die Cirkulation desselben erhalten, das nöthigste zu Erhaltung der Nationen sind. Nothwendiger Weise mußte Verschwendung entstehen, aus Verschwendung Ueppigkeit, die die Habsucht immer unersättlicher machte.

Der, der zu schwach war mit Armeen zu rauben, raubte durch Betrug und Arglist, und die, die durch Reichthum schon böse waren, wurden durch den Mangel erst lasterhaft. *

Keine

(* La division une fois femée entre les citoyens, il faut, pour avilir & dégrader les ames, faire fans cesse étenceller aux yeux des peuples le glaive de la tyrannie, mettre les vertus au rang des crimes & les punir comme tels. A quelles cruautés ne s'eft point, en ce genre, porté le defpotisme, non feulement en Orient, mais même fous les empereurs Romains? Sous le regne de Domitien, dit Tacite, les vertus étoient des arrêts de mort. Rome n'étoit remplie que de délateurs; l'efclave étoit l'efpion de fon maitre, l'affranchi de fon patron, l'ami de fon ami. Dans ces fiécles de calamité, l'homme vertueux ne confeilloit pas le crime, mais il etoit forcé de s'y prêter. Plus de courage eut été mis au rang des forfaits. Chez les Romains avilis, la foibleffe étoit un héroisme. On vit, fous ce regne, punir, dans Senécion & Rufticus, les panégyriftes des vertus de Thraféa & d'Helvidius, ces illuftres orateurs traité de criminels d'état, & leurs ouvrages brûlés par l'autorité publique. On

B   vit

Keine Schandthat war unverfucht, die gewöhnte Wollust zu
nähren, und so verschwand die Kraft männlicher Tugenden, und
Laster tödteten den erhabenen Geist und schändeten Generationen.

Da war kein edler Römer mehr, der für die Freyheit des
Vaterlandes focht, und sein Leben grosmüthig aufopferte.

Keine Krone von Lorbern oder Eichenlaub lohnte mehr dem
Helden. Nach Geld und ·Schätze athmete die Habsucht, und
verwechselte streitende Bürger mit besoldeten Sklaven.

So lag der Funke der Verbrechen von jeher in dem Menschen
verborgen, glimmte nur so lang die Leidenschaften bekränzt waren;
brach aber in schädliche Flammen aus, als die Gesetze ihre Wach-
samkeit vernachläsfigten.

Der

---

vit des écrivains célebres, tels que Pline reduits à compofer
des ouvrages de grammaire, parce que tout genre d'ouvrage
plus élévé étoit fufpeft à la tyrannie & dangereux pour fou auteur.
Les Savants attirés à Rome par les Augufte, les Vefpafien, les
Antonins & les Trajan, en étoient bannis par les Neron, les
Caligula, les Domitien & les Caracalla. On chaffa les philofo-
phes, on profcrivit les fciences. Ces tyrans vouloient anéan-
tir, dit Tacite, tout ce qui portait l'empreinte de l'efprit & de
la vertu.

Helvetz de l'Efprit.

Der Mensch der Natur ist weder gut noch böse; die Lage, in welche er gesetzet wird, und die Art und Weise, wie er seine Vortheile betrachtet, entscheiden erst seine Neigungen. *

Der Mensch war in seinem ersten Stande nur blos auf die Befriedigung natürlicher Bedürfnisse bedacht. So lang er sich einzig und allein von der Natur leiten ließ, so hatte nicht die mindeste Bösartigkeit einigen Einfluß in seine Handlungen.

Fühlte er die Empfindungen des Hungers, so suchte er eine Beute, und es war ihm gleich, selbe von einem Baum zu pflüken, oder selbe aus den Händen seines Mitmenschen zu reissen.

Der Naturmensch sah in seinen Handlungen auf weiter nichts, als auf die Mittel, seine bringende Bedürfnisse zu befriedigen; weiter erstrekten sich seine Begriffe nicht.

Die Empfindung befahl ihm, sich zu nähren; er kannte noch kein Verhältnis; als der Mensch aber in Gesellschaften trat, so bekam er mehrere Begriffe und Einsichten, und mit selben mehrere Bedürfnisse; er hungerte nach mehreren Gegenständen. Der Trieb der Selbsterhaltung brachte den Trieb zur Erhaltung des Erworbenen hervor. Unrichtige Begriffe setzten eingebildete Bedürfnisse in die Reihe der nothwendigen, und verleiteten den Stärkern zur Gewalt, und den Schwächern zu List und Betrug.

B 2   Der

_____

* Eveque

Der nervigte Mann gründete seine Rechte auf die Stärke seiner Muskeln; * der Schwächere auf Hintergehen und Liste; und
so entstund Verstellung, die Lüge, der Betrug und der Meuchelmord.

In die Seele des Menschen streute die gütige Natur den
Saamen verschiedener Leidenschaften: sie sind die Grundtriebe, die
in unserm Herzen verborgen liegen, und die Ursachen unserer Handlungen. — Vernünftige Leitung der Leidenschaften des Menschen,
daß sie ihre bestimmte Gränzen nicht übersteigen, ist der Endzweck
des Studiums des menschlichen Herzens; — dieses sagt uns: Kenne die Menschen, die Ueberbleibsel ihrer ursprünglichen Güte, die
Folgen ihrer verderbten Natur, und bilde aus diesen Kenntnissen
Gesetze.

Die Leidenschaften müssen nie unterdrüket, sondern nur gebildet
werden: — Leidenschaften vertilgen wollen, heißt die Schnellkraft
dem Körper benehmen wollen. Sie sind das im Staat, was das
Geblüt im menschlichen Körper ist. — Wie der Arzt für einen regelmäßigen Umlauf der Säfte besorgt ist, so muß es der Gesetzgeber in Rüksicht der Leidenschaften seiner Völker seyn: er muß

der

---

* Le puiſſant ſera toujours injuſte & vindicatif. M. de Vendome
diſoit plaiſamment à ce ſujet que, dans la marche des armées,
il avoit ſouvent examiné les querelles des mulets & des muletiers; & qu'à la honte de l'humanité, la raiſon étoit preſque
toujours du côté des mulets.

Helvetz de l'Eſprit.

den raschen Umlauf mäßigen; den trägen aufwecken, daß dieser nicht durch Stokung Fäulnis, und jener durch uneingeschränkte Hitze Verderben verursache.

Der Mensch kannte keinen stärkern Trieb, als die Selbstliebe. Der Schöpfer pflanzte sie in sein Herz zu seiner Erhaltung. Sie ist im gesellschaftlichen Leben die Quelle seines Glükes, und kann die Quelle seines Verderbens werden.

Regenten können durch sie Nationen glüklich beherrschen; sie ist der Zaum, womit sich Völker leiten lassen, aber Klugheit muß ihre Führerinn sein.

Selbstliebe brachte die vertheidigenden Leidenschaften hervor, die die Sicherheit seiner selbst zum Entstehungsgrunde haben. Aus diesen entstunden im gesellschaftlichen Leben die Privat-Leidenschaften, welche eine bestimmte Gattung von Privat Vortheilen suchten.

In der Natur schränkte sich unsere Eigenliebe nur auf unsere Selbst-Erhaltung ein; im gesellschaftlichen Leben erstrekte sie sich weiter, und hatte die Erhaltung seiner selbst und die Erhaltung seines Eigenthums zu Gegenständen ihrer Wirkung.

Die Erkenntnis des Guten ist der Beweggrund des Willens der Menschen. Nur das Gute, das wir in den Handlungen wahrnehmen, ist der Beweggrund, daß wir sie wollen. So ist die Erkenntnis des Bösen der Beweggrund des Nichtwollen. Die Vor-

stellung

ſtellung, die wir uns von der Sache machen, iſt die Beſtimmung unſers Willens.

Unrichtige Vorſtellungen können uns daher Sachen, die böſe ſind, als ein gegenwärtiges Gutes vorſtellen, und gute Sachen als böſe: wodurch die Handlungen der Menſchen entſtehen, die in Rükſicht ihrer ſelbſt, oder des Ganzen wahrhaft böſe ſind.

Aus der Theorie des menſchlichen Herzens ſind wir alſo leicht zu überzeigen, daß unrichtige Begriffe die Urſachen undeutlicher Vorſtellungen ſind. *

Der Naturmenſch folgt nur demjenigen, was er ſich als gegenwärtig gut vorſtellt; er überlegt nicht, weil Ueberlegung Gegeneinanderhaltung mehrerer Sachen vorausſetzt. Die Leidenſchaft malt ihm das gegenwärtige Gute mit lebhaften Farben vor: — das hieraus entſpringende Uebel iſt in der Entfernung mit zu ſchwachem Pinſel entworfen. Er ſieht nur das Gegenwärtige, wird nur von dem Gegenwärtigen gereizt. Die undeutliche Vorſtellung verdrängt

ganz

---

* J'ajouterai, comme une ſeconde demonſtration de cette vérité, que tous les faux jugemens ſont l'effet ou de l'ignorance, ou des paſſions: de l'ignorance, lorsqu'on n'a point dans ſa mémoire les objets de la comparaiſon desquels doit réſulter la vérité, que l'on cherche: des paſſions; lorsqu'elles ſont tellement modifiées, que nous avons intérêt á y voir les objets différents, de ce qu'ils ſont.

Helvetz de l'Eſprit.

gänzlich das Bild, das in der Entfernung mit schwachen Farben ge=
malt ist, und so wird der Mensch zum Sklaven seiner Lüste.

Daß ein entferntes wahres Uebel nicht im Stande ist, die un=
richtige Vorstellung eines eingebildeten Guten zu überwiegen, sind
uns die Strafen zum Beweise, mit welchen die Gesetzgeber die
Verbrechen belegt haben.

Sie kalkulirten so: Die Erkenntnis des Bösen ist der Beweg=
grund des Nichtwollen der Menschen. Die Strafen, die wir mit
dem Verbrechen verbinden wollen, sind nun wahrhat böse: die Er=
kenntnis also des Bösen wird den Menschen von Verbrechen abhalten.

Diese Kalkulation der Gesetzgeber war aber höchst irrig. Das
Gute, das sich der Verbrecher von dem aus der bösen That ihm zu=
fließenden Nutzen vorstellte, war gegenwärtig, war gewiß; das
Ueble war entfernt, war ungewiß. Das Gute, das den Verbrecher
schlüßig machte, war unmittelbar mit der That verbunden; das
Böse aber nicht mit der That, sondern nur mit den Umständen
derselben.

Nur alsdann folgt die Strafe dem Verbrecher, wenn der
Uebelthäter erwischt wird; nur alsdann, wenn er bekennt oder
überwiesen ist; nur alsdann, wenn er sich nicht der Gerechtig=
keit durch List und Umtriebe entzieht.

Alles dieses ist der deutlichste Beweis, daß das Böse der Stra=
fe, welches sich der Uebelthäter deutlich vorstellen soll, nicht mit

dem

dem Verbrechen selbst, sondern nur mit den Umständen verbunden ist, woraus die natürliche Folge fließt, daß die Vorstellung des Scheingutes den Menschen zum Laster hinziehen muß. Aus welchem sich mit Grunde schließen läßt, daß sehr selten Strafgesetze, welchen Namen sie immer haben mögen, im Stande seyn werden, dem Verbrechen zu steuern, und die Menschen vom Laster abzuhalten.

Freylich ist hier unwidersprechlich, daß das Mangelhafte der Gesetzgebung die Religion ersetzen könnte. Diese geht der Natur des Menschen viel näher. Die Strafen, die sie auf Verbrechen setzt, sind unmittelbar mit selben verbunden, und hangen nicht mehr von unsern Umständen ab, die Furcht der Strafe folgt schon dem Verbrechen. Die Allwissenheit eines Gottes benimmt dem Verbrecher die Hoffnung, sich durch Umstände dem göttlichen Gerichte entziehen zu können. Allein, daß diese Grundsätze in des Menschen Herz wirken können, wird Religionsunterricht erfodert, der meistentheils bey dem Bösewicht mangelt, der entweders aus Dummheit die Bande der Tugend nicht kennt, oder aus Ruchlosigkeit alles bereits von sich geworfen hat, was Gränzen seinen Uebelthaten setzen könnte: wodurch ich neuerdings in meinem Grundsatze bestärkt werde, daß nicht leicht andere Gesetze hinlänglich seyn werden, die Verbrechen aus dem Staate zu tilgen, als die, die die Quellen der Laster zu verstopfen im Stande sind.

Das, was ich hier sage, ist keine Kritik über die Gesetzgebung: es sind nur freye Gedanken zum Wohl der Menschheit philosophisch gesammelt, und aus warmen Herzen gesagt.

Es

Es sey ferne von mir, daß ich es wagte, die ehrwürdigen Gewohnheiten der Länder und ihre heiligen Gesetze zu beschnarchen, von welchen mir der Grund ihrer Entstehung in tiefem Geheimniß verborgen liegt, die ich mit Ehrfurcht verehre.

Ich rede nicht für einzelne Bewohner eines Landes; ich rede überhaupt für jeden Weltbürger, für jeden Menschen, unter welchem Himmelsstrich er immer eine Gegend bewohnen mag. — Ich rede von Lastern, die sich in jeder gesellschaftlichen Verfassung einschleichen können: von Tugenden, die jedes Menschen Seele gemein sind.

Der Hang, mit welchem man die beste Sache so gern ungleich ausdeutet; die Wuth der Kritiken, die mit gallsüchtigem Herzen jedes Wort unter die Presse legt; die Schmähsucht, die sich nur bemühet, der Sache falsche Wendungen zu geben, sind die Ursachen, daß ich es öffentlich sage, daß ich in der Stunde, in der ich hier spreche, weder Vaterland, noch Bürger, sondern nur Welt und Menschen zu Gegenständen meiner Rede gewählt habe. *

Ich

* Après tant de siécles de lumiére, pendant les quels les hommes se succédent les uns aux autres dans les recherches les plus pénibles, ont paru tout tenter, tout examiner, tout perfectionner, jusqu' à la frivolité même; j' entreprens de fixer leur attention sur des objets nouveaux. Et quels sont ces objets? ce sont les plus importans à leur bonheur; ce sont des recherches sur une matiére, qu'il est affreux d'être obligé de discuter, c'est la solu-

C   tion

Ich las mit großer Aufmerksamkeit die verschiedenen Schriften, die für und wider die Todesstrafen in unserm Jahrhundert die Presse verließen; bewunderte oft die [menschenfreundliche Wärme, mit welcher manche Leben und Gut der Bürger mit Freyheit vertheidigten.

Konnte aber auch oft den Unwillen in meiner Seele über diejenigen nicht bergen, die die Todesstrafe gänzlich vertilgen, und durch Kerker, Bande, und Arbeiten das Leben der Verbrecher elender machen wollten, um die Menschen von Uebelthaten abzuhalten.

Ueberzeugt in meiner Seele, will ich wider die auftreten, welche behaupten, daß harte Arbeiten die Verbrecher eher, als die Todesstrafen abhalten könnten; ich will ihnen sagen: ihr betrügt euch. Eure harten Arbeiten sind eben so unzulänglich, Menschen von Verbrechen abzuhalten, als eure Todesstrafen, und eben auch so grausam. Unzulänglich, weil sie ebenfalls, wie die Todesstrafe nicht unmittelbar mit dem Verbrechen verbunden sind; weil die härtesten Arbeiten der Macht der Gewohnheit unterliegen; weil ihr nicht werdet verhindern können, daß sich die Menschen nicht an ihr

Schick=

---

tion d'une question, ou le doute seul est un opprobre pour l'humanité. Les hommes seront - ils toujours les ennemis des hommes? Les Etres les mieux organisés n'obtiendront - ils jamais l'avantage, dont jouissent les plus viles des brutes, celui de vivre en paix entr' eux? La societé enfin est - elle susceptible, si non de perfection, du moins d'amélioration?

De la félicité publique.

Schicksal gewöhnen, und diese Verbrecher, derer Leben, wie man annimmt, zum warnenden Beyspiel dienen soll, auch in ihrem Elende noch fröhlich scheinen werden. — Grausam, weil ihr eine Menge Henker haben müßtet, um das Schicksal eurer Verurtheilten als eine Strafe in den Augen des Publikums auffallend zu machen. Unmenschliche Henker müßtet ihr haben, niemals müßte das Mitleiden Zugang in ihre Herzen finden, niemals müßte sie das Gefühl der Menschlichkeit überraschen, und um Verbrecher zu strafen, müßtet ihr Unmenschen aufstellen, die mit dem Leidenden, der immer unter ihren Augen elend herum schleicht, nie eine Erbarmniß in ihrer Seele fühlten. Und über das alles ist es eben nicht grausam, zu verfügen, daß der Arme und der Bösewicht einerley Loos haben sollen?

Sind die Arbeiten nicht überall, so hart sie seyn mögen, das Antheil des Armen? — Setzen wir aber den Fall, daß Uebelthäter zu mühseliger Arbeit verdammt wirkende Beyspiele werden könnten, die andere Menschen von Verbrechen zurückhielten: setzen wir, daß der schaudernde Anblick in Fesseln schmachtender Menschen Schrecken in unsern Busen errege, daß der Gram an der blassen Stirne des Verurtheilten, und der Harm in seinen Gesichtszügen wirklich viele von der Bahn der Laster zurück zöge, was haben wir hiedurch wohl erreicht? Sind wir vergewißt, daß unter dieser Anzahl elender Menschen nur Verbrecher, und keine Unschuldige sind?

Ist

Iſt das Aug des Richters durch Veränderung der Strafen ſcharfſichtiger geworden? Oder ſind ſeine Urtheile nicht noch denjenigen Ungewißheiten unterworfen, die ſie von jeher waren, ſeitdem peinliche Geſeze entſtunden, und Menſchen Urtheile über Menſchen ſprachen? Und iſt es nicht eben ſo grauſam, ſich der Gefahr auszuſezen, einen unſchuldigen Menſchen zum mühſeligen Leben als zum Tode zu verurtheilen?

Der Menſch, ein Räthſel ſeiner ſelbſt, wirft ſich zum Richter ſeines Nächſten auf, und ſpricht ſtolz zu ſeinem Bruder: Du biſt ein Böſewicht! —

Der, der ſein eigenes Herz nicht kennt, der täglich ein Spiel ſeiner Leidenſchaften iſt, der heut liebt, was er morgen haßt, izt einen Gegenſtand mit Sehnſucht wählt, und eine Minute hernach ſeine Wahl wieder thöricht bereuet; — der Menſch, der ſich jede Stunde täuſcht, und jede Minute ſeine Täuſchung einſieht, der am Morgen Säze der Gewißheit annimmt, die er am Abend wieder verwirft, dieſer Menſch erkühnt ſich zu ſeinem Bruder zu ſagen: — Du biſt ein Böſewicht!

O abſcheuliche Lüge! du biſt ein Kind des menſchlichen Stolzes, erzeugt in den Zeiten der Dummheit, erzogen durch Hochmuth und gepfründet in unſerm Jahrhunderte durch Eigennuz.

Du ſcheinſt ein Verbrecher, dieß iſt alles, was ein Menſch von dem andern ſagen kann, aber ſelten, du biſt ein Verbrecher.

Der

:. Wer von uns hat die Anatomie der Seele studiert? Wer weiß
die Gränzen der Leidenschaften? — Wer die Wirkungen der Tem-
peramente? — Wer sah je den geheimen Arbeiten der Seele im
menschlichen Körper zu? — Wer nennt mir die äußerlichen Eindrücke der Sinne? Wer bestimmt die Folgen der Erziehung, und
wer schreibt dem Umlauf der Säfte Gränzen vor? Oder sagt zu
dem aufwallenden Geblüte: mach' diese, und keine andere Wirkung!

Wer dieses zu thun im Stande ist, den will ich einen Gott
nennen: denn des Menschen Weisheit hat seine Gränzen. Schein
ist vieles; aber sehr wenig für den Menschen Gewißheit.

Lasset uns unsere Schwachheit bekennen; lasset uns sagen, daß
wir von einem Verbrecher meistentheils nichts weiter behaupten können, als daß er uns scheine ein Verbrecher zu seyn. Es ist keine
Schande für uns; nein, es ist Weisheit.

Vorurtheile ablegen, die der Menschheit zur Schande sind, ist
süßes Bestreben; es entehrt den Menschen nicht.

Es gab Zeiten, in denen gottselige Mörder die Altäre mit Blut
ihrer Brüder bemalten. Es waren Stunden, in denen unbefleckte
Mädchen, um die Götter zu versöhnen, verkauft wurden.

Frommrasende Matronen schleppten heulende Menschen durch die Strassen, und Luperkalien waren stolz auf ihre
Schande.

Aber

Aber zum Wohl der Menschen sind diese Zeiten verschwunden;
die Eingeweide der Stiere halten keine Armeen mehr in Ehrfurcht:
keine Senate gehorchen mehr dem Wink der Vögel, und kein Fürst
sucht mehr seine Entschlüsse in den Eingeweiden der Lämmer; und so
kann es wohl auch noch Zeiten geben, in denen es vielleicht eben so
thöricht seyn würde, die Gewißheit der Verbrechen nach Regeln zu
bestimmen, als es bey uns thöricht wäre, seine Zukunft in den Eingeweiden der Thiere zu suchen.

Alle unsere Beweisgründe, die wir bey Untersuchung der Verbrechen annehmen, wenn sie nicht ein scharfsichtiges Auge durch-
sieht, gründen sich auf schwache Hypothesen. Wir schließen, daß
eine Sache gewiß ist, aus Gründen, die ungewiß sind.

Fast alle unsere Beweissätze in peinlichen Fällen sind der Gefahr des Irrthums unterworfen. Wir schließen so: Die That ist
gewiß; dieser Mensch aber hat diese That ausgeübt: denn er ist
überwiesen, wenn die Umstände alle wahr sind, die ihn überwei-
sen. Man nimmt sie aber als wahr an, und verurtheilet den Menschen. Schreckliche Schlüsse!

Die Menschheit weinte, als man sie erfand: Philosophie
und Vernunft verbargen sich in Wäldern, in Höhlen, und wandten
ihre Augen von dem Anblick blutender Rümpfe ab, die am Morgen
die Sonne traurig beschien.

Jeder Tag kann den Menschen der Irrthümer seiner Schlüsse
überzeugen. Das was unter unsern Augen geschieht, das was unsere

fere Sinne fühlen, ist noch der Täuschung unterworfen. Aber lasset uns nicht aus entlehnten Geschichten die Gewißheit unserer Trugschlüsse untersuchen. Schließen wir vielmehr diejenigen Behältnisse auf, wo noch zur Schande der Menschheit und der Vernunft die Todesurtheile der Unschuld unter den Urtheilen der Verbrecher geschrieben stehen.

Haltet Richter, und staunet über diese schreckliche Monumente! Lasset eine Thräne über die unschuldigen Schlachtopfer eurer so oft begangenen Irrthümer fallen, und höret die heilsame Stimme aus den dunkeln Grüften in euer Ohr schallen. Ihr, die ihr über Leben und Schicksal des Menschen zu urtheilen habt; — ihr, in deren Gewalt es liegt, das Dasey̆n dieses trefflichen Wesens, das nur einige Augenblicke, wie ein Meteor auf dieser Erde erscheint, zu vertilgen! Ihr, die ihr eures gleichen verurtheilt, verlasset euch niemals auf eure Erfahrung, auf eure Proben! Sie waren die Ursachen des Irrthums eurer Vorfahrer, und werden die Quellen der eurigen seyn.

Messet eure Vernunft, ehe ihr euch unterfangt, Thaten durch sie zu messen: — und, nachdem ihr Beweise verurtheilter Unschuldigen habet, so tretet auf, wenn ihr könnt, und sagt: Es ist so; — und du Mitmensch bist der Verbrecher, — und du sollst sterben.

Eigenes, und mit den Umständen der Verbrechen übereinkommendes Geständniß, und Ueberweisung machen die gesetzliche Gewißheit aus, in Rücksicht des Uebelthäters: und wie ungewiß, wie

betrüg-

betrüglich sind beyde diese Gewißheiten? Wie viele Fälle hat man nicht? in benen unrichtiges eigenes Geständniß entweder durch die Folter aus den Unglücklichen erpreßt worden, oder daß aus Lebensüberdruß der vermeyntliche Verbrecher seinen Richter getäuscht hat. Was wollen endlich Ueberweisungen heißen, die in den Aussagen von schwachen oder boshaften Menschen bestehen können?

Trauriges Verhängniß! Wenn das Leben und Schicksal der Menschen, die nur von den Gesetzen abhangen sollen, den Leidenschaften und Irrthümern unserer Mitmenschen Preis gegeben werden, und wenn das Schwert der Gerechtigkeit nach dem Willen unrichtiger Aussagen blinder oder leidenschaftlicher Gezeugen geführt wird!

Aber es war nun einmal so: das Schicksal der unglücklichen Verbrecher hieng vom Uebergewichte menschlicher Aussagen ab. Allein wie schrecklich ist dieses Verhängniß! — Lasset uns bekennen, daß unsere Zeugschaften selten ein sicheres Maaß haben! Lasset uns sagen, daß wir öfters urtheilen, ohne zuverläßige Grundsätze zu haben, die unsere Urtheile lenken.

Du, wer du immer bist, der du mit Menschenkenntniß und mit Kenntniß deiner eigenen Schwäche in gerichtlichen Geschäften grau geworben bist, tritt hervor, und stelle dich in den Platz, wo ich rede.

Sage, welche Zuverläßigkeiten hast du je gehabt, die Aussagen deiner Gezeugen für wahr zu halten? Wußtest du das Gefühl ihrer

ihrer Seele, die Gewalt ihrer sinnlichen Eindrücke? Wußtest du, daß keine Verstellung an der heitern Stirne, kein Irrwahn auf den unschuldigen Lippen seyn konnte? Wußtest du es, so steh auf, und lehre, und wir wollen dich anhören. Kanust du aber nichts in jedem Falle zum Beweise der Zuverläßigkeit deiner Zeugschaften anbringen, als die Eidschwöhre, womit deine Zeugen ihre Aussagen bekräftigten, so höre mich, und wenn du fühlbar bist zu menschlichen Schicksalen, so weine über die Menschheit, und weihe Thränen den Unschuldigen, die am Opferherde der Gerechtigkeit sanken.

Der Eid ist also der Bürge der Wahrheit. Der Eid, der unsern Vätern einst heilig war, weil Biedersinn und Redlichkeit ihre karakteristische Züge waren.

Mit fremdem Kommerz, mit fremdem Luxus haben wir fremde Sitten erhalten. Die Redlichkeit unserer Vorältern entfloh, und weil man dem einfachen Worte des Mannes nicht mehr glaubte, rufte man die Gottheit zum Zeugen an, und es entstunden die Schwüre.

Der Verfall unserer Sitten setzte den Eid bald in die Stelle, in der das Wort des Mannes war, und man brach Wort und Schwüre mit gleicher Leichtigkeit.

Gottesfurcht, Religion, und das feinste Gefühl soll im Herzen desjenigen seyn, den die Gesetze zum Eid lassen. Welche Erziehung, welcher Unterricht wird hiezu nicht erfodert?

D   Wie

Wie schaudernd ist der Gedanke, wenn man in diesem Jahrhunderte die Gerichtsstellen besucht; wenn man Parteyen dort sieht, wie
sie sich um die Eidschwüre zanken, und wie derjenige seine Sache
schon für gewonnen hält, den die Gesetze zum Eid lassen.

Wenn Treue und Glauben im Staate verschwinden; die guten
Sitten herabsinken; Gottesfurcht aus dem Herzen der Menschen
verbannt wird, dann ist die Religion zu schwach, in die verdorbe-
nen Herzen zu wirken. Aber vielleicht, könnte man hier einwenden,
vielleicht halten die Civilgesetze den Menschen von falschen Eidschwü-
ren zurück, wenn die Religion in diesem Falle zu schwach ist.

Die Civilgesetze? Wie? vielleicht durch Strafen, die sie auf falsche Eidschwüre setzen? Wie entfernt sind aber diese Strafen, wie
unzulänglich die Leidenschaften schweigen zu heißen, die die Beweggründe falscher Eidschwüre seyn könnten? Und welches Maaß ist
zwischen ihnen, und den Wirkungen falscher Eide?

Nur einige Worte hierüber.

Ich will nicht erwähnen, daß meistentheils über Handlungen
Zengen verhört werden, die nur auf das Bewußtseyn eines Einzel-
nen beruhen. In dem Munde dessen, der befragt wird, liegt die Geschichte, und wer steht Bürge, daß sie ächt ist? Wer kann versi-
chern, daß sie so ist, wie sie der Befragte erzählte? Und wer, wenn
seine Aussage falsch ist, kann ihn der Lüge überführen?

So

So ungewiß menschliche Aussagen immer seyn mögen, so hat doch die Unvollkommenheit aller menschlichen Dinge die Aussage der Gezeugen zu einem nothwendigen, unentbehrlichen, ja zu einem der vorzüglichsten Mittel, die Wahrheit zu ergründen, gemacht, und die Gesetzgebung ließ Leben, Ehre, Eigenthum und Freyheit der Bürger von der vermeyntlichen Redlichkeit ihrer Mitbürger ab, hangen.

Von Aussagen der Zeugen hängt also die Straflosigkeit der Unschuld, und die Bestrafung des Lasters ab? Welcher Beweis! daß Religion und Moralität die wichtigsten Stützen des Staats sind! Ohne sie sind ungewisse Aussagen Wirkungen gewisser Strafen. — Alle Vermuthung des Guten ist für den Zeugen; und alle Vermuthung des Lasters gegen den Gefesselten. Welches Maaß! — welches Verhältniß!

Setzen wir aber den Fall, daß jederzeit Wahrheit auf den Lippen der Zeugen ruhe, ist das Leben des Gefangenen schon gesichert?

Wer sind meistentheils die Menschen, die als Zeugen auftreten? Schlechte, arme Leute, die zitternd vor dem Richter da stehen, der sie befragt; die keine Worte wissen, das zu erklären, was sie sagen sollen; die gleichwohl in dummer Einfalt die Sache gutherzig hinsagen, den Hergang der Sache vom Anfange bis an das Ende untereinander werfen, und ihre Erzählung in größter Undeutlichkeit machen: und wer ist der, der den Mischmasch dieser Aussagen in Deutlichkeit setzen muß?

D 2

Ein

Ein Richter, vor dem der gemeine Mann um so mehr zittert;
je ehrlicher er ist; dem er, wenn die Sache auch nicht nach dem
Sinne des Zeugens geschrieben wäre, sich aus Schüchternheit nicht
zu widersprechen getrauet.

Ein Richter, der zuweilen nur den Schuldigen aufsucht, und
zu wenig Kaltblütigkeit hat, der Wahrheit des Verbrechens im Stillen nachzugründen. Ein Richter, sage ich, der aus unrichtigen Grund-
sätzen für das allgemeine Beste brennt, und sich einbildet, daß Gal-
gen und Rad die Stütze der Staaten, und Menschenschädel die Tro-
phäen der Gerechtigkeit sind.

Ich rede hier für das Wohl der Menschheit. Schwarze, niedrige Seelen müßten es seyn, die mir meinen Vortrag ungleich aus-
legen könnten. Ich wiederhole es, daß ich nur für Menschen rede,
für jeden, der das allgemeine Daseyn mit uns theilt, für jeden,
den ich als Mitgeschöpf und Mitbruder ansehe, welche Gegend er
auch immer bewohnen mag. Sollten aber doch einige seyn, die
undankbar meine guten Gesinnungen vergiften möchten, so sollen
sie hier meine Rechtfertigung hören. Ich table nicht die Gesetze der
Monarchen; die unrichtige Anwendung table ich, durch welche jene
zuweilen aus zu weniger Kenntniß seiner selbst und des menschlichen
Herzens von unklugen oder boshaften Richtern mißbraucht werden.

Ich rede hier von keinem insbesondere, daß es aber doch solche
gebe, wird mir hoffentlich niemand verneinen; da jedes Land lei-
der im Stande ist, traurige Beweisthümer ihres abentheuerlichen und
der Menschheit beschimpfenden Daseyns zu geben.

Von

Von unklugen, von boshaften Richtern rede ich, denn nur unter ihren Händen seufzet die unterdrückte Menschheit, und das Schwert, das die Fürsten in ihre Hände gaben, um Lasterhafte zu strafen, wird oft gegen Elende gezückt, und tief in das Eingeweide des Unschuldigen gesenkt. Es kann nie genug gesagt, nie genug wiederholt werden. Richter seyd aufmerksam, denn Bruder Gut, und Bruder Wohl ist in euren Händen.

Euch, euch fodere ich zu meiner Vertheidigung auf, ihr Väter der Völker, in deren Händen das Glück der Nationen liegt, und welchen die Menschheit einst zurufte: Erbarmen! Erbarmen über euere Völker!

Erinnert euch der feyerlichen Stunde, in der euch die Völker zum Thron führten, und Leben und Freyheit, ihre theuersten Schätze, als das kostbarste Unterpfand in euere Hände gaben. Erinnert euch unserer Schwüre, die wir täglich aus warmen Herzen erneuern. Unser Blut, unser Leben ist zu euerem Dienste. Wir wollen unser Wohl für das eurige aufopfern, unsre Hütte über uns zusammenstürzen lassen, um euere Palläste zu erhalten: aber sorget für das theure Leben der Unsrigen. So däucht mir, daß die Stimme der Völker zu den Thronen drang, und Fürsten stunden auf, und arbeiteten an Verbesserung der Gesetze.

Monarchen stiegen in die schreckliche Grüfte hinunter, wo pe, stilenzialische Luft die Kerker vergiftete; wo in Abgeschiedenheit von

Menschen

Menſchen, Sonne und Mond los , nur beym ſchwachen Lichtſchim,
mer des Mittags menſchliche Herzen in Höhlen ſchmachteten, die die
Natur nur für wilde Thiere beſtimmt, hat, die zum Zerreiſſen ge,
bohren waren.

Sie führten den Menſchen in freyere Lüfte, ließen ihm Mor,
genroth, Sternhimmel und Regenbogen anſehen, und öffneten ihm
die Ausſicht in die ſchönere Welt, damit er ſehe, wie wohlthätig der
iſt, deſſen Geſetzen er entgegen gehandelt hat.

Da aus dieſen Grüften führten ſie den Menſchen hervor, und
erbauten menſchliche Gefängniſſe.

Sie zernichteten jene ſchrecklichen Maſchinen, die die Erfahrung
der Wahrheit in der Stärke der Muskeln, und die Herſtellung der
Gewißheit in der Empfindlichkeit der Fibern zu entdecken beſtimmt
waren, und arbeiteten an Verbeſſerung der Sitten, an Verbeſſerung,
des Herzens.

Allein dieſe rühmlichen Unternehmungen großer Fürſten ſind,
noch nicht das, was ſie für die Menſchheit ſeyn ſollen : ſie ſind nur,
Steine, die ihre gütigen Hände in die Grundfeſten legten, aus wel,
chen ſich nach und nach der Tempel erheben ſoll, der der Menſchheit
gebaut wird.

Das Werk iſt angefangen, aber noch lange nicht vollendet. Noch
wandert die Tugend wie eine Pilgerinn unter den Menſchen herum,

wird

wird oft nur von wenigen in schlechten Hütten aufgenommen, und aus Pallästen verstoßen.

Sie flieht die prächtigen Städte, wo Schwelgerey und Pracht die Menschen verderben; wo die Menschheit in Ketten und Armuth schmachtet, und ihre Retterinnen, Religion und Erziehung, von Eigensinn und Dummheit verbannt werden.

Hingerissen durch Irrthum und Irrwahn opfern Menschen ohne Grundsätze den schändlichsten Lastern, und das Röcheln der Sterbenden entfernt jedes fühlende Herz von den Bühnen des Todes, die die Gerechtigkeit für diese Elende gebauet hat.

Aus den Grüften der Verwesung ertönt die schreckliche Stimme, die den Staatsmännern zuruft: „Ihr, die ihr die Erziehung „der Jugend versäumt, die ihr geduldig zugesehen habt, wie das „Gift des Verderbens in das innerste Mark des Staats eingedrun„gen ist; die ihr alle Spannadern des Nationalgeistes erschlafen las=„sen, die ihr dem Volke die Richtung zum Bösen selbst gegeben habt; „die ihr die Religion verdrungen, den Eifer zum Guten niedergeschla„gen, die Wege zum Bösen geleitet; ihr wollt Laster strafen, die „ihr ausgebrütet habt? — Ist es darum, daß wir unser Leben, unsre Freyheit in euere Hände gaben, daß ihr uns in diese schrecklich„ste Abgründe hinführtet? — Ist es darum, daß ihr uns Gift un„ter Nektensaft mischtet, damit wir Tod und Verderben in desto sicheren Zügen verschlängen.

Ô Elen,

---

* Lamezan Skizze der Gesetzgebung.

O Elende! vertheidiget euch, wenn ihr könnt, über das Blut eurer Mitmenschen! Es erwachte Menschengefühl zu dieser Stimme, und allgemein arbeitete man an vorbeugenden Gesetzen.

An vorbeugenden Gesetzen? Wie? giebt es wohl vorbeugende Gesetze? und können sie den Lastern steuern? Ja, es giebt sie, und sie sind die einzigen, die mit der Natur der Menschheit übereins kommen. Sie sind die einzigen, die sich auf den Bund gründen, der Völker verbindet; die einzigen, die im Stande sind, die Laster zu tilgen; die einzigen, die der Billigkeit, die der Natur, die dem Wohl des Ganzen, die der Absicht der Gottheit gemäß sind.

Was ich hier von den Gesetzen sagte, war nur in der Absicht gesagt, daß man es der Mühe werth halten sollte, die Menschen besser zu machen, daß man ihnen zeige, durch ihr eigenes Wohl zeige, wie sehr jedem daran liege, die Tugend zu lieben.

Nur in dem Falle also, wenn Erziehung die Herzen der Menschen einmal bildet, wenn Gottes und Nächstenliebe unterstützt durch Religion und Gesetzgebung die Länder durchwandeln. Nur alsdann sage ich, ist es Zeit, die Schädelstätte zusammen zu reißen, und auf ihren Ruinen Erziehungs- und Versorgungshäuser zu bauen. In der Lage, in der aber noch viele Länder sind, in denen noch wilde Rohheit manche Hütte bewohnt, wo die Jugend weder Religion noch Erziehung kennt, da sind diese schrecklichen Gepränge der Justiz freylich noch nothwendig. Es wäre thöricht zu behaupten, daß man die Todesstrafen abbringen sollte, wenn nicht bessere Mittel in ihre Stelle gesetzt sind.

Wenn

Wenn ein Gebäude auch nur auf einer schlechten Säule ruht, so muß man doch diese schlechte Säule zu erhalten suchen, bis bessere die Gewölbe unterstützen: denn sonst würde das ganze Gebäude zusammen stürzen.

Wenn Erziehung einmal die Menschen bildet, wenn vorbeugende Gesetze die Folgen des Irrthums oder der Bosheit verhindern werden, wenn Seelenbildung der Hauptgegenstand der wachenden Gesetzgebung seyn wird, dann wird mancher einsame Wanderer bey denen in Schutt vergrabenen Mordstätten vorüber gehn, und über den Staub der Unglücklichen weinen, die den Werth der Tugend nicht gekannt haben.

Der, der zu träg ist, sich in die Menschheit hinein zu denken; der, dem nie der Gedanke zu bessern kömmt, sondern nur zu strafen; der keine Kenntnisse hat, als die zu zerstören, der Mann sage ich, wenn er vom Himmel zum Verderben der Nationen als ein Gesetzgeber bestimmt ist, scheint mir einem schwermüthigen Riesen ähnlich zu seyn, der auf den Keil der Gerechtigkeit seinen massiven Körper hinlehnt, und immerzu schlummert, nie erwacht, als wenn Blutgeschrey der Unschuld und des Unterdrückten ihn aufweckt. Da fährt er rasch vom Schlafe auf, schleudert mit geschlossenen Augen seinen Keil auf die Verbrecher, zerquetschet bis; die er in Eile ertappt, ohne Rücksicht, ob sie schuldig oder unschuldig sind, und setzt sich wieder hin um systematisch zu schlafen.

Der Mann aber, den eine gütige Gottheit zum Wohl der Völker zur Gesetzgebung rief, der Menschenkenntniß und Weltklugheit

E   besitzt,

beſitzt, iſt immer wach, um dem Verderben Gränzen zu ſetzen. Mich däucht, ich ſehe an ihm eine zärtliche Mutter von ihren Kindern umſchloſſen. Ihr ſorgfältiger Blick folgt ihnen in jedem Winkel nach; ihr Aug wacht, wenn ſie ruhen; ihr Blick iſt geſchäfftig, wenn ſie wachen; mehr aufmerkſam den Uebeln vorzubeugen, als die geſchehene zu beſtrafen richtet ſie die Gegenſtände nach den ſchwachen Organen ihrer Zöglinge. Sie zerſtreuet, ſie entzieht alles, was ihnen ſchädlich ſeyn könnte, und ſetzt in dieſe Stellen das Nützliche. Das Glück ihrer erſten Tage blüht unter ihren Händen, und reift zum dauerhaften Wohl unter ihrer Pflege.

Dieſes iſt das Bild des guten Geſetzgebers. Ohne Pracht, ohne Schwärmerey iſt er ruhig an ſeiner Stelle; und Weisheit, und Klugheit geben ihm tauſend Hände zu ſeiner Arbeit; er hat tauſend Augen, die durch ihn ſehen, tauſend Hände, die durch ihn wirken, und er gleicht jenen Künſtlern, die ungeheure Laſten mit ſchwachen Händen durch Beyhilfe künſtlicher Hebel von der Stelle bringen.

Er beobachtet die geringſte Bewegung in ſeinen Staaten; er kennt ihre Gewalt; weiß ihre Stärke; ihm folgt ihre Leitung. Er ſucht nie, dem Strom ſich mit Gewalt zu widerſetzen, ſondern ihn durch kluge Ableitung zu entkräften.

Wenn Feindſchaft ſich in die Hütte des Bürgers ſchleicht, ſo eilt er herbey, um den Haß zu erſticken. Sitten und Tugend ſind die Säulen ſeiner Geſetze.

Die

Die Zärtlichkeit der Aeltern, die Unterwürfigkeit der Kinder, die Eintracht der Ehen, Treu und Glauben sind die hauptsächlichsten Bande der Herzen, durch welche er sucht, Liebe mit Stärke, Güte mit Macht zu vereinen. Er bringt in das innerste der Herzen der Menschen, und sucht die Quellen der Verbrechen in selbem auf.

Ja! nur im Herzen der Menschen liegt der Keim der Laster verborgen, und umsonst arbeitet der, der sie außerhalb desselben sucht. Was nützen fremde Gesetzbücher? Sind Nationen durch sie besser geworden? Hat man das erreicht, was Gesetzgeber zu erreichen gewünscht haben?

Fremde Gesetze sind für fremde Länder nicht passend; das Kleid muß nach dem Körper gemacht seyn. Was ist ein Zwerg in der Rüstung eines Riesen, und der Ries im Zwergenkleide? Man lerne den Menschen zuerst kennen, dann die Nation, ihren ursprünglichen Karakter, ihre Veränderungen; dann in die Tiefe des Herzens hinab: den Menschen beobachtet als Mensch mit allen seinen Bedürfnissen und Schwachheiten, und dann setze man sich hin, und schreibe Gesetze.

Die Verbrechen, die im Staate sind, theilen sich in Verbrechen gegen die Religion, gegen den Staat oder oberste Gewalt, und gegen den Bürger. *

E 2   Alle

---

* Unter Verbrechen gegen die Religion wird Ketzerey, Blasphemie, Meineid, und in den ältern Zeiten die Magie gerechnet.

Ver=

Alle diese Verbrechen haben Urquellen, aus welchen sie entsprin=
gen, und daher sind Gesetze nöthig, denselben vorzubeugen.

Allgemeines Wohl muß der Endzweck jeder Gesetze seyn.

Dieses allgemeine Wohl besteht aber nur in Erfüllung der
Pflichten gegen die Religion; gegen den Staat und den Fürsten,
gegen seinen Mitbürger in Rücksicht der Sicherheit seiner Person
und seines Eigenthums.

Die Gesetze also, die den Verbrechen wider die Religion entge=
gen gesetzt werden, müssen Gottesfurcht, Liebe zur Tugend zum
Beweggrunde haben; die, die man wider die Verbrechen gegen den
Staat giebt, Liebe zum Fürsten, zum Vaterlande, Ehrlichkeit,
Gehorsam und Treue in Verwaltung obrigkeitlicher Aemter.

Jene

Verbrechen gegen den Staat oder oberste Gewalt theilen sich in
Hochverroth, Verbrechen der beleidigten Majestät, Ambitus und Si=
monie, Bestechung oder Baxaria, und Veruntreuung öffentlicher Gelder.

Die Verbrechen der Bürger unter sich betreffen entweder Leib
und Leben, oder Ehre und Gut.

Zu dem ersten werden alle Gattungen von Morden, Verstümm=
lungen und schädlichen Gewaltthätigkeiten gerechnet, wodurch die Si=
cherheit der Person gefährdet wird. In die zweyte Rubrik wird Ver=
leumdung, Beschimpfung, Entführung, Nothzüchtigung gesetzt; und
zur dritten Diebstahl, hinterlistiges Hintergehen und Betrug gerech=
net, nebst allem demjenigen, was der Sicherheit des Eigenthums
zu nahe tritt.

Jene Gesetze endlich, die die Sicherheit der Person sowohl als die Güter des Bürgers erhalten sollen, müssen alles dasjenige, was die Beförderung der vorgeschriebenen Sicherheit fodert, zum Gegenstande haben.

Aus diesen allgemeinen Sätzen folgert sich, daß die Harmonie der Gesetze (die nichts anders als aus der Natur der Sachen entspringende, nothwendige Verhältnisse sind) allgemein vorhanden seyn müsse, um die Absicht für das Ganze zu erreichen.

Jede Handlung, die der allgemeinen Absicht entgegen ist, ist Verbrechen, und es ist nicht schwer, ihre Quelle in dem menschlichen Herzen zu entdecken. Wenn man weiß, wie nothwendige Tugenden hervor gebracht werden können, so weiß man auch, wie man entgegen gesetzten Lastern steuern muß. Laster vertilgen heißt nichts anders, als die dem Laster entgegen gesetzte Tugend hervor bringen, und diese Hervorbringung ist Verbesserung der Menschen, und Ueberzeugung des Vortheils aus der Tugend.

Wir wollen stuffenweise die Verbrechen durchgehen, die in den Staten sind, und ihre Ursachen aufsuchen.

Ich rede zuerst von Verbrechen gegen die Religion. Ich nenne den Namen der Religion einen Namen von weitem Umfange. Ihr danken die Fürsten die Sicherheit ihres Thrones; die Obrigkeiten ihr Ansehen, und die Bürger des Staats die Sicherheit ihres Lebens und ihrer Besitzthümer. Ohne sie wanken Throne, und kein Zaubermittel ist im Stande, Ruhe und Eintracht unter Menschen zu pflanzen. Was hält die Verzweiflung ab, ein gequältes Leben daran zu setzen? Was hindert die Schwärmerey, Kronen jener Welt mit Menschenblut zu erkaufen, wenn nicht die Furcht vor dem, der die innersten Falten des Herzens erforscht, und dessen unendliche Macht, die still, aber sicher auch jenseits des Grabes fortwirkt, raschen Thaten Gränzen zu setzen im Stande wäre?

Gesetzgeber! glaubt ihr, diese Vormauer empören zu können, so tretet alle eure Gesetze, alle eure bürgerlichen Einrichtungen mit Füßen, denn sie sind alle durch Hülfe der Religion auf die Furcht der Gottheit gegründet.

Religion ist das stärkste Band, welches Menschen vereiniget. * Wo sie hinkömmt, sagt Montesquieu, da bringt sie die goldenen Zeiten mit, und wirkt unendlich mehr, als die Ehre in Monarchien und die strengste bürgerliche Tugend in Republiken: denn sie giebt der Vernunft die reinsten Erkenntnißgründe, den Herzen die edelsten Neigungen und diesen die mächtigsten und sichersten Triebe; sie läßt der sinnlichen Natur alle ihre Rechte, aber sie setzt den Begierden ihre sichere Gränzen, und mäßigt ihre Heftigkeit durch den Geschmack an eblern Gütern.

Alle

---

* Delicta majorum immeritus lues
Romane, donec templa refeceris
Aedesque labentes Deorum &
Foeda nigro simulacra fumo.
Diis te minorem quod geris, imperas.
Hinc omne principium, huc refer exitum.
Horat. ad Romanos Ode VI.

Alle bürgerlichen Gesetze halten nur die Hand der Bürger, daß man sie nicht zu Uebelthaten ausstrecke: sie aber reinigt zugleich das Herz, und erweckt in demselben die Triebe zum Guten, die alle menschliche Gesetze umsonst befehlen, und ihre sanfte Beweggründe sind unendlich mächtiger, als alle Strenge der Gesetze. Der also, der ein Feind der Religion ist, ist ein Feind des allgemeinen Bestens. Er sucht die Grundsäulen zu schwächen, auf welchen das ganze Gebäude des Staats ruht.

Ich kann mich hier bey diesem Gedanken nicht enthalten, meinen Unwillen gegen jene zu zeigen, die sich durch Kühnheit ihrer Gesinnungen auszuzeichnen bemühen, und verächtlich über die Religion spotten. Kurzsichtige Menschen! welche Ursach habt ihr, über das Heiligste im Staate zu freveln? Sagt, wenn ihr könnt aus welchen Gründen verdient sie euren Tadel?

Der Fanatismus, die unfruchtbaren Sophistereyen, die üppige Pracht im äußerlichen Gottesdienst, die tyrannische Herrschsucht, der unmenschliche Verfolgungsgeist, welche die Gegenstände eurer tadelnden Unterhaltungen sind, kommen der Religion niemals zu Schulden. Sie sind Fehler, die aus der alten orientalischen Philosophie, aus dem sophistischen Geist der griechischen Schule, aus dem alten Rom, von der Barbarey der nordischen Völker herrühren, und ändern das wesentliche der Religion nicht. Das Licht der Sonne ist bey ihrem Aufgange eben so rein und heiter als am Mittage, und die Dünste, die am Horizont aufsteigen, verändern ihr Wesentliches nicht.

Nicht

Nicht die Religion, der Fanatismus erschien in Gestalt einer Furie mit brennenden Fackeln im Gefolge von fanatischen Menschen; sie, die Heilige, ist unschuldig an dem Menschenblut, das die Dummheit vergossen hat.

Sanftmuth und Menschenliebe sind ihre Grundsätze. Christus Lehre ist ganz Gesetz der Liebe. Der Vater, sagt er, der im Himmel ist, sorgt für die Vögel der Luft; für jede aufkeimende Blume. Er sorgt für die, die die Wälder von Kanada bewohnen, und er wacht über die Küsten der Kaffern, und sorgt für das Leben der Huronen.

Welcher Wahnsinn! — Eine Lehre, welche nichts als Eintracht, Friede, Wohlthätigkeit und nützliche Liebe predigt, jener Uebel anzuklagen, welche das Werk des Fanatismus waren. Waren Priester nicht auch Menschen? und sind Menschen nicht zu allen Ausschweifungen fähig, zu denen sie ihre Leidenschaften hinreißen, wenn selben nicht vernünftige Gränzen gesetzt werden?

Es war kein Fehler der Religion, daß sich abenteuerliche Misbräuche in geistlichen Sachen einschleichen; es war ein Fehler der Gesetzgebung. Sie sonderte die geistliche Macht von der weltlichen ab, und sorgte nicht, ihre Habsucht und ihren Geiz zu beschränken. Es erwachte der Privateigennuz der Priester, und da Fürsten anstatt gen Theologen zu seyn, wurden Priester Gesetzgeber. Gold und Silber wurde in die Tempeln gebracht, und es erwachte die Begierde nach Reichthum, und alle Laster folgten ihr bald nach, die der Luxus und der Müssiggang hervor bringen.

Religion

Religion ist im Staate unentbehrlich, und keine Religion heiliger, keine stärker, das Glück der Völker blühen zu lassen, als die christliche. Allein der Gesetzgeber Pflicht ist auch über sie zu wachen. Höchste Pflicht der Regenten ist, zu sorgen, daß Philosophie nicht in Freygeisterey, und Religion nicht in Aberglauben ausarte. *

Dann, wenn allgemeine Bekenntnisse sich vereinen werden, wenn die Liebe Gottes und des Nächstens in einem reinen Herzen das wesentliche und erste Gesetz unsers Glaubens seyn wird, dann werden alle Laster verschwinden, die bisher nur in unrichtigen Begriffen oder boshaften Dummheiten ihre Quelle hatten.

Kein Atheist wird einer Lehre mehr spotten, die Glück der Menschen, und Völkerwohl hervor bringt. Kein Tollsinniger wird einem Wesen fluchen, das die Ursache seiner Glückseligkeit ist. Es werden Ketzereyen verschwinden, wenn die Ketzergerichte zusammenstürzen, und Menschen, welche eine Religion haßten, die sie mit Tode und Peinen verfolgte, werden die sanftmüthige Lehre annehmen, die sie mit offenen Armen von den Irrthümern zurück führt.

Dann wird es unnöthig seyn, in die peinlichen Gesetzbücher den Namen der Blasphemie, der Atheisterey, der Ketzerey zu setzen. Reine Religion und reine Sitten werden die Herzen der Menschen verbessern, und mancher Edle wird mit Thränen im Auge die Stellen lesen, die über Magie und Hexerey, über die Geburten der Dummheit und des Aberglaubens, einst in den Blutgesetzen stunden.

Aus

---

* Mablys.

F

Aus Verbrecher wider die Religion entstehen Verbrecher wider
den Staat. Wer keine Ehrfurcht für die Gottheit hat, hat keine
Ehrfurcht für den Regenten.

Eide befestigen die Treue der Unterthanen; durch Eide verpflich-
ten sich zum Dienste des Vaterlandes Armeen. Man nehme die
Gottesfurcht aus dem Herzen, und welche Bande werden die Bürger zur Erfüllung ihrer Pflichten anhalten? Wo keine
Religion ist, ist schädlicher Eigennutz, die einzige Triebfeder unserer
Handlungen. Dann erwacht der schändliche Grundsatz in den verderbten Seelen: Dummodo mihi bene.

Sorge für die Erhaltung des Unterthans, Treue in Ausübung
richterlicher Pflichten, Sorgfalt in Verwaltung obrigkeitlicher Aemter werden unbedeutende Gedichte seyn, die man dem verlachten
Enthusiasten der Tugend überläßt. Man sucht nur immer neue
Bedürfnisse zu erdenken, und sie zu befriedigen.

Strafbare Selbstliebe wird das höchste Gesetz; man sucht sich
den Weg zum Glücke und der Ehre auf Unkosten des Nächsten zu
bahnen, und man schwingt sich zu Aemtern auf den Ruinen der
Tugend. Wehe dem Lande, in welchem die Grundsätze der Religion
und der Tugend gewichen sind. Unterdrückte Parteyen werden an
den Schwellen der Gerichtshöfe seufzen, und das Wehklagen der
Unterdrückten wird nie bis zu dem Thron der Fürsten hindringen
können. Der verdienstvolle Mann wird vergebens Thränen von
Blut über die Unordnungen weinen, man wird ihn verlachen, und
als einen Thoren behandeln.

Dienst-

Dienſtvergebungen werden Monopolien werden, und die Ge-
ſchenke, die einſt nur der Rechtſchaffenheit gebührten, werden den
meiſtbiethenden feil ſtehen.

Kein ſicherer Aufenthalt wird für die Tugend, kein Zufluchtsort
für die Rechtſchaffenheit ſeyn. Die Sicherheit der Fürſten wird auf
dem Throne wanken, denn Hochverrath, Laſter der beleidigten Ma-
jeſtät und öffentliche Veruntreuungen werden ihre Schlangenhäupter
empor heben. Es wird keine Bürger mehr geben, nur niedrige
Sklaven, die aus Eigennuz keine Schandthaten werden unverſucht
laſſen.

Mangel an Religion, Mangel an Sitten ſind die erſten Quellen der Laſter gegen den Fürſten und den Staat. Man beſchütze die
Religion, man verbeſſere die Sitten, und die Quellen werden ge-
ſtopft ſeyn.

Allein ſo nothwendig Religion und Sitten ſind, um dieſe Verbrechen zu vertilgen, ſo nothwendig iſt auch Vaterlandsliebe.

Wenn man Bürger haben will, muß man ihnen ein Vaterland geben. Anhänglichkeit und Liebe entſtehen bey Menſchen nicht
ohne Urſachen. Es iſt thöricht ſie zu fodern, wenn man die Beweggründe wegräumt, die nur allein im Stande ſind, ſie hervor
zu bringen.

In einem Lande, wo nur Strafen und keine Belohnungen
ſind, kann es keine Bürger geben, wohl aber Sklaven, elende Mieth-

linge,

linge, die von den Umständen abhangen, und fähig sind, wenn ihr Eigennutz gereizt wird, jede Schandthat auszuüben.

So hassenswerth man in dem Herzen der Menschen dasjenige machen muß, was der gesellschaftlichen Verfassung entgegen ist, so liebenswerth muß auch das gemacht werden, was zur Beförderung dieses Endzwecks dienlich ist.

Ehre und Nacheiferung müssen nicht erstickt werden, denn sonst sinkt selbst der Rechtschaffene bis zur Muthlosigkeit nieder.

Harmonie der Gesetze muß im Staate herrschen; die Lücken, die die Religion übrig läßt, muß eine weise Gesetzgebung ausfüllen. Dort, wo die Gesetzgebung nicht hinreicht, muß die Religion ihre Thätigkeit zeigen. So muß Religion und Gesetzgebung Hand in Hand zum bürgerlichen Glücke beytragen.

Sicherheit der Person, Sicherheit der Ehre, Sicherheit der Güter muß das heiligste seyn.

„Oeffentliche Gesetze * müssen über diese Gegenstände wachen, „und diese dreyfache Sicherheit muß auch der niedrigste im Staate „ohne

---

* Voulons-nous que les peuples Soient vertueux? commençons donc par leur faire aimer la patrie: mais comment l'aimeront ils, si la patrie n'est rien de plus pour eux que pour des étrangers, & qu'elle ne leur accorde que ce qu'elle ne peut refuser à personne? Ce feroit

„ohne Beschwerniffe finden können. Will man Völker tugendhaft
„haben, so flöße man ihnen Liebe zu ihrem Vaterlande ein. Allein
„wie können sie daffelbe lieben, wenn es für sie nicht mehr ist als
„für jeden Fremden; wenn es ihnen nicht mehr gewähret, als was
„den Menschen jeder Himmelsstrich nicht verneinen kann.

„Noch schlimmer wäre es, fähret Rousseau fort, wenn sie nicht
„einmal die bürgerliche Freyheit genießen; wenn ihr Vermögen und
„ihr Leben der Willkühr mächtiger Menschen überlaffen würde.
„Das Vaterland muß sich als die gemeine Mutter der Bürger erzei-
„gen. Die Vortheile, die sie darinnen genießen, müffen ihnen die
„Gegend, in der sie leben, werth machen. Unparteylichkeit in Aus-
„theilung der Gerechtigkeit und Beschützung des Armen gegen die
„Tyranney des Reichen, seyen die ersten und wichtigsten Gegenstände der
„Regierung. *

Aus

---

feroit bien pis s'ils n'y jouïssoint pas meme de la sûreté civi-
le & que leurs biens, leur vie, ou leur liberté fuffent à la di-
fcretion des hommes puiffans, fans qu'il leur fût poffible ou
permis d'ofer reclamer les loix.

* C'est donc une de plus importantes affaires du gouvernement,
de prévenir l'extreme inégalité des fortunes, non en enlévent
les trefors à leurs poffeffeurs, mais en otant à tous les moyens
d'en accumuler, ni en batiffant des hôpiteaux pour les pauvres,
mais en garantiffant les citoyens de le devenir. Les hommes
inégalement diftribués fur le territoire, & entaffés dans un lieu
tandis que les autres se dépeuplent; les arts d'agrément & de
pure induftrie favorifés aux dépens des métiers utiles & pénibles;

Aus diesem folgt, daß man der außerordentlichen Ungleichheit der Güter bevorkomme, nicht, indem man dem Reichen seine Reich= thümer wegnimmt, sondern indem man ihm alle die Mittel entzieht, überflüßige zu sammeln: nicht, indem man Hospitäler für die Armen erbaut, sondern indem man verhütet, daß sie nicht arm werden.

Wenn die Menschen in einem Lande ungleich zerstreut leben, und an einem Orte zusammen gehäuft sind, während daß andere Oer=,,ter entvölkert werden, wenn blos angenehme Künste zum Nach=,,theil der nützlichen und nöthigen Handwerke begünstiget werden;,,wenn der Ackerbau der Handlung nachgesetzt wird, öffentliche Zöl=,,len und beständige Auflagen nöthig werden, wegen schlechter Ver=,,waltung der Staatsgelder; wenn endlich alles feil wird, daß man,,die Achtung nach den Louisd'ors abzählt, und selbst Tugend für,,Geld erkauft werden kann, so sind dieses die vornehmsten Ursachen,,des Ueberflußes und des Elendes, des öffentlichen Interesse und,,des gegenseitigen Hasses der Bürger, der Gleichgiltigkeit für die
,,gemein=

---

bles; l'agriculture facrifié au commerce; le public en rendu né-
céffaire par la mauvaife adminiftration des deniers de l'état;
enfin la vénalité pouflée à tel excès, que la confidération fe com-
te par des piftoles, & que les vertus mêmes fe vendent à
prix d'argent telles font les caufes les plus fenfibles de l'opulence
& de la mifére, de l'intérêt public, de la haine muruelle des
citoyens, de leur indifférence pour la caufe commune, de la corru-
ption du peuple, & de l'affaibliffement de tous les réfforts du
gouvernement.
Rouffeau Difcours fur l'Iconomie politique.

„gemeine Sache, der Verderbniß des Volkes und der Erschlafung
„der Triebfedern der Regierung.

In diese Rubrik setzt das Wohl der Gesellschaft, daß die wich-
tigen Stellen im Staate mit rechtschaffenen Männern besetzt werden,
mit Männern, die die obrigkeitliche Würde als die höchste Belohnung des Verdienstes ansehen, und versichert sind, daß nur die sie
erlangen, die sich durch Tugenden und Talente auszeichnen.

O wäre es mir in diesem Augenblick vergönnt, meine Stimme
bis zu dem Throne aller Regenten zu erheben! Wäre es mir vergönnt, mich zu ihren Füßen hinzuwerfen, um ihnen mit den Aus-
drücken des empfindsamen Sodens zurufen zu können: „O Väter
„der Nationen! die ihr im Kabinete für unser Glück, für un-
„ser Wohl wachet, o könnte doch mancher von euch einen Blick
„an die Gegenden werfen, die man euch sorgfältig mit künstlichen
„Vorhängen verhüllt, könntet ihr sehen, wie manche unter euerm
„Name eure Kinder, eure Unterthanen bedrücken; wie sie die Ge-
„walt mißbrauchen, die ihr ihnen in ihre Hände gegeben; könntet
„ihr sehen, wie geplündert und beraubt von ihrem Eigenthum, von
„ihrem väterlichen Heerde, von ihrer Familie verjagt eine Menge
„Unglückliche in gränzenlosem Elend, in einer kümmerlichen Exi-
„stenz sich dahin schleppen; könntet ihr sehen, wie der Mächtigere
„den Niederen zu Boden drückt; wie der Schwächere das Opfer des
„Höherrn seyn muß. Könntet Ihr hören die Seufzer des Landmanns,
„dem sein reicher Nachbar die mit seinem Schweis gedüngte Felder
„raubte, um den ungerechten Richter mit diesem Blutgeld zu bezahlen.

„Könn-

„Könntet ihr die Thränen hilfloser Wittwen und des Schutzes beraubter
„Waisen fließen sehen, und sehen, wie oft alle diese Barbareyen unter
„euerem geheiligten Name verübt werden. Unter euerm Name, die
„ihr mit Herzenswärme den Segen eurer wohlthätigen Gesinnungen
„erwartet. Ihr würdet Thränen von Blut weinen!“

„Aber was zittert ihr bey diesem Gemälde, fährt Soden fort:
„Zittert, indem ihr eine Bestallung unterschreibt: ihr unterschreibt
„vielleicht das Urtheil über das Glück oder Unglück so vieler eurer
„Unterthanen. Wählt nicht blos den geschicktesten, wählt den tu-
„gendhaftesten. Ein geschickter Bösewicht kann in einer Minute
„mehr Unglückliche machen, als ein Redlicher aus Kurzsichtigkeit in
„Jahren. Ein Unfähiger wird, wenn er dem Glück eines Volkes
„schadet, nicht lang eurem Blicke entgehen; die Maschine muß sto-
„cken; ein fähiger Bösewicht wird tausend Ressorts spielen lassen,
„um seine Ungerechtigkeiten, seine Raubereyen, das Elend eures
„Volkes vor euerm Auge zu verbergen. Er wird mit dem Schweiße
„eurer Unterthanen sich den Schutz des Mächtigen erkaufen, und
„alle Kunstgriffe der Chikane sind zu seinem Dienste, um das Volk
„unter seiner Tyranney schmachten zu lassen. Religion, Sitten, und
Bildung fließen in die Herzen der Kleinern durch die Beyspiele der
Größern. Die, denen der Fürst öffentliche Geschäffte anvertraute,
müssen sich auch durch Tugenden auszeichnen.

Der Held mit der Narbe an der Stirne lehrt Tapferkeit und
Vaterlandsliebe, und redliche Magistratspersonen, die auf den Rich-
terstühlen grau geworden sind Gerechtigkeit. Frömmigkeit und Tugend,

gend lehre der durch Beyspiele, den die Religion aufgestellt hat; der Lehrer der Gemeinde zu seyn. Pfarrer und Beamte seyen die Stützen der gesellschaftlichen Tugend; der gemeine Mann finde an ihnen Freunde, Rathgeber, Beschützer und Väter.

Man lehre dem Volke, daß die Ordnung, daß das Wohl des Ganzen Tugend erfodere, daß sie zu unserer Glückseligkeit nöthig ist, und man zeige ihm, daß nur Liebe gegen uns die göttlichen Beweggründe waren, der Tugend entgegen gesetzte Handlungen zu verbiethen.

Allein es ist nicht genug, theoretisch den gemeinen Mann dieses zu lehren, er muß praktisch die Ueberzeugung dieser Wahrheiten fühlen. Die Gesetzgebung vereinige sich also mit der Religion; und, wie diese jenseits des Lebens die Tugend belohnt, so belohne jene schon hier jede schöne Handlung.

Ich kann es nicht bergen, daß meine Seele oft bis zum Unmuth herab sank, daß mir bittere Thränen ins Auge stiegen, wenn ich meinen Blick oft auf die Unglücklichen hinwand, die wegen verschiedener Verbrechen zu langen Gefangenschaften, oder zum Tode verurtheilt worden sind.

Da fand ich oft manchen Unglücklichen, der die mühsamsten Täge durchlebte, der den Acker treulich pflügte, dem Vaterlande Kinder gab, manche belohnungswürdige Handlung im Stillen ausübte, und der nun für alles das keinen Lohn empfieng, und keinen foderte. Nur die einzige unedle That, die er begieng, fiel dem Richter in

G die

die Augen, an der vielleicht mehr die Umstände als ein böses Herz Theil
hatten; und um diese wurde er so schmerzlich bestraft. Hätte der Unglückliche je den Stolz der Tugend gekannt, hätte je was seine sinkende
Seele wieder erhoben, und seine von der Tugend gewandte Blicke
wieder auf ihre göttliche Schönheit zurück geführt; o er wäre nicht
so tief gesunken!

So wie Belohnungen mächtig und vermögend sind, zur Tugend
zu leiten, so vermögend ist die weise Anstalt, wodurch dem geringen
Verbrechen vorgebeugt wird, das zu den größern verleitet.

Unlust zur Arbeit und Müßiggang sind die Hauptquellen jeder Verbrechen. In Betracht, daß sie die Habsucht hervor bringen,
werden sie die Erzeugerinnen von Raub und Diebstahle. Man
muß also den Müßiggang verdrängen, um die Arbeit empor zu bringen.

Der Mensch fällt aus verschiedenen Ursachen in Müßiggang:
entweders aus Faulheit, oder Muthlosigkeit. Faulheit liegt in der
Natur des Thiers: je bequemlicher man seine Bedürfnisse befriedigen kann, je mehr wird man zur Trägheit gereizet werden.

Kein Thier besteigt den Baum, um sich Früchten zu sammeln, wenn bereits eine Menge herabgefallener auf der Erde herum liegen. Wenn es also im Staate leichtere Mittel giebt, sich was
erwerben zu können, als durch Arbeit, so wird der Mensch diesel-
ben ergreifen. Dieß ist der Ursprung des Bettels.

Es iſt alſo eines der wichtigſten Geſchäffte der Regierung, die Erwerbungsmittel durch Arbeit zu erleichtern, und ſelbe mit gewiſſen Vortheilen zu verbinden, die der Müſſiggänger nicht hat.

Schrecklicher iſt der Fall, wenn der Müſſiggang aus Unmuth entſteht. Dieß verräth eine Gährung ſchädlicher Säfte im Staatskörper; eine Gährung, die vielleicht ſchon die vornehmſten Theile des Eingeweides angegriffen, und gegen welche die Heilung, wo nicht unmöglich, doch äußerſt hart ſeyn wird.

Wenn der Mann, der am Pfluge iſt, mit ſolchen Abgaben beladen wird, daß er ungeachtet ſeines Fleißes nicht ſo viel erwerben kann, daß er den nothwendigen Unterhalt für ſich und ſeine Kinder habe; wenn er ſich von jedem verachtet, von jedem verfolgt ſieht; wenn jedes Vergnügen der Natur ihm vergällt wird, dann ſinkt der gedrückte Geiſt zur Muthloſigkeit nieder, und eine gänzliche Erſchlafung iſt ihre Folge. Ich war Jahre lang ehrlich, ſagt ſich der Mann, der mit gekränktem Herzen ſich auf den Pflug lehnt, und den Himmel ſeines harten Schickſals halber anklagt. Ich war Jahre lang ehrlich, ſagt er, habe keine Mücke betrübt, war mit meinem ſchwarzen Brod zufrieden, und gab treulich dem Fürſten meine Abgaben. Und was war meine Belohnung? Kann ich mir ſagen, daß ich für eine einzige meiner guten Thaten von dem Staate ſeye belohnt worden? Was Belohnung? Könnte ich mir nur ſagen, daß man mir ſo viel vergönnte, um die dringendſten Bedürfniſſe der Natur zu befriedigen, ſo wollte ich dieſes ſchon für eine Belohnung anſehen.

G 2

So sagt sich der Elende, und gränzenloser Unmuth drükt seine Seele nieder. Endlich erwacht Verzweiflung in seinem Busen. Was will ich länger mein Brod im Schweiße meines Angesichts gewinnen, sagt er sich? Wohnen nicht Reiche in prächtigen Pallästen, und verzehren im Müssiggange die Früchten unsers Schweißes? Lasset uns die Bande zerreißen, sagt er, welche den größten Theil der Menschen fesseln, und fühllose Geschöpfe in den Schoos des Ueberflusses versetzen. So verführt den Unglücklichen der Irrthum; er greift des Nächsten Eigenthum an; die Gesetze murmeln ihm die Todesstrafe zu, aber er hört nicht, oder er denkt, es mag der Mühe werth seyn, einen Unglücklichen zukünftigen Augenblick zu erwarten, um einige Täge in glücklicher Fortdauer zu genießen. Sein Herz wird fühllos gegen die Stimme der Natur; vergebens sind Weib und Kinder zu seinen Füßen: er stoßet sie unwillig fort. Fort mit euch, ruft er auf, ihr Werkzeuge meines Unglückes! Ich kann euch nicht mehr ernähren. Lasset mich! Aber nein, hier ist Nahrung. Theuer erkaufte Nahrung. Er kauft mit dem Blut eures Vaters. Esset! ich gehe hin, auf dem Blutgerüste eure Erhaltung mit meinem Leben zu bezahlen.

Ein kalter Schauder fährt bey dieser Stimme durch alle meine Glieder. Mich däucht, ich sehe den Unglücklichen im Kerker oder auf dem Schafot. Und hier bey diesem schrecklichen Auftritte ruft der Verfasser der Reden im Menschentone auf: „O Bürger des Staats! schaut „um euch her, wie viele der Unglücklichen, die dahin starben, hätten „gerettet werden können, wenn man sie von dem Verbrechen, welches „sie

„sie zur Todesstrafe reif machte, menschenfreundlich abgehalten hätte.
„Ists denn genug, daß man Menschen ins Verderben laufen läßt, um
„sie hernach ganz wegzuwerfen? Hat man denn alles gethan, was
„die Gerechtigkeit fodert, wenn man sie nach vergangenen Verbre-
„chen gesetzmäßig bestraft?

„Noch sehe ich nicht ein, fährt Sintenis fort,* wie man Per-
„sonen, welche man zu großen Vergehungen sich Jahre lang vor-
„bereiten läßt, ruhig zu selben schreiten lassen, und sie endlich hin-
„nach mit kaltem Blute verurtheilen könne. Sagt uns nicht das
„menschliche Herz, welches uns erinnert, daß sie nicht menschlich
„gehandelt haben, daß wir nicht berechtigt sind, gegen sie aufzu-
„hören Menschen zu seyn? Das Gefühl der Menschlichkeit muß
„am wenigsten gegen Verbrecher verhärten. Sie bleiben bey allen
„ihren Uebelthaten noch Geschöpfe unserer Gattung; haben noch
„Menschengeist, und Menschenantlitz. Wie sollte es möglich seyn,
„daß wir uns noch grausam von ihnen wegwenden dürften? Der
„Staat ist die Mutter, die Bürger sind Kinder desselben, und un-
„tereinander Brüder. Wann ein Bürger ein strafbares Verbre-
„chen begeht, kann der Staat sprechen: er ist mein Kind nicht
„mehr? Können die Mitbürger sagen: er ist unser Bruder nicht
„mehr? Alles, was die Mutter sagen kann, ist: eines meiner
„Kinder hat sich vergangen: alles, was die Mitbürger sprechen
„dürfen, ist: einer unserer Brüder hat Böses gethan, lasset uns
„hingehen, ihn zu verbessern."

O Rich-

---

* Sintenis Reden im Menschentone.

O Richter! fühlet Menschlichkeit für Menschen, ehe sie Verbrecher werden, und rettet das kranke Glied, weil noch Mittel zur Rettung übrig sind. Erleichterung des harten Schicksals des Gedrückten, Unterricht in Religion, und Sitten bey den Rohen würde den Menschen von vielen Lastern entfernen. Strafet gelinde die geringen Laster, die die Wege zu den größern bahnen. Ersticket in den Seelen der Jünglinge den Todesschlag im Hasse, den Diebstahl im Neide, den Kindermord in Verbannung der Schandstrafen und Erleichterung des Schicksals des unglücklichen Kindes. Belohnet die Tugend, und jede schöne Handlung.

In euren Festtägen sollen öffentliche Versöhnungen zwischen. Feinden eure Gottesdienste verherrlichen. Arm in Arm sollen sich Menschen in den Tempeln des Allmächtigen umschlingen, und ihre Gebethe sollen in Versprechen der Erfüllung der heiligsten Pflichten der Religion, und der Bruderliebe bestehen.

Dann, wenn der junge Bauer und die junge Bäuerinn frühzeitig ihre Pflichten kennen, lieben, heilig halten, und ausüben lernen werden, wenn sie die Empfindung der Religion begeistern, und segnende Tugend ihre Wirkung seyn wird; dann, wenn Kinder, sage ich, zur Menschlichkeit, Ehrbarkeit, Genügsamkeit und pflichtmäßigem Leben, zu lebendigen Empfindungen Gottes und Vaterlandsliebe geleitet werden, dann wird Eintracht und Seligkeit in jeder Gegend umher wandeln.

Doch,

Doch, Bürger des Vaterlandes! Dieß alles ist nicht das Werk eines Tages, ich wiederhole es, nicht das Werk einiger Jahre. Allein lasset bey diesem Gedanken den Muth nicht sinken. Auch das Menschengeschlecht muß von Stufe zu Stufe zu seiner Vollkommenheit steigen.

Verehret mit Ehrfurcht die Gesetze, und seht die Blutgerüste als traurige, aber nothwendige Mittel an, die Sicherheit der Staaten zu gründen. Allein diese Mordstätte werden einsinken, wie sich Schulen und Erziehungshäuser empor heben. Die weise Bemühung unsers Regenten in Verbesserung der Sitten und Herstellung der Kinderzucht ist schon glorreicher Segen unsers Jahrhunderts.

Weisheit und Güte ist um seinen Thron. Lasset uns also mit Kindesliebe ihm nahen; ihm danken für seine Güte; ihm sagen: Jeder Tag ist ein Festtag für uns; jeden Morgen Heil über den, der für uns wacht.

www.ingramcontent.com/pod-product-compliance
Lightning Source LLC
Chambersburg PA
CBHW031758090426
42739CB00008B/1057